ULRIKA HOFFER

SÜSSES OHNE FRUST

Leckere
Kuchen und Desserts
ohne Zucker,
Gluten & Laktose.

Herausgegeben von Bonnier Fakta
Originaltitel Smarta Sötsaker

2. Auflage 2015

Übersetzung: Elke Adams, Köln
Text: Ulrika Hoffer
Fotos: Ulrika Pousette
Stylistin: Karolina Olson Haglund
Redaktion: Anna Sodini
Gestaltung: Sofia Scheutz
Titelgestaltung: Birgit Decker, Steinfurt

ISBN 978-3-7843-5355-5

INHALT

„Die beste Art, eine Versuchung loszuwerden, ist, ihr nachzugeben."

OSCAR WILDE

KUCHEN BEHALTEN – KUCHEN ESSEN …

ICH LIEBE SÜSSES! Aber auch, gesund zu essen und Verantwortung dafür zu übernehmen, wie ich mich fühle. Es ist nicht ganz leicht, das eine mit dem anderen ohne schlechtes Gewissen zu vereinen. Als ich mit der Herstellung superleckerer, smarter Süßigkeiten begann, landete ich im siebten Himmel. Es war ein bisschen so, als äße man Kuchen und hätte ihn gleichzeitig doch übrig. Ich kann zu 100 Prozent gesund leben und trotzdem etwas Leckeres zum Kaffee genießen. Mit Gewinn für die Gesundheit. Wie meinte einer meiner Kursteilnehmer: „Stellt euch vor, es gäbe Schoko-Mousse, die man besser isst, als darauf zu verzichten".

❤

HIER ERHALTEN SIE viele Informationen zu Zucker, Gluten und Milchprodukten. Was sie mit uns machen und warum sie so verführerisch sind. Wie Zucker als Belohnungssystem funktioniert und warum es sich so schön anfühlt, wenn wir uns etwas Süßes in den Mund stecken. Sie werden verstehen, wie die Naschlust entsteht und wie man darauf reagieren kann. Vor allem aber erhalten Sie jede Menge Rezepte für Süßigkeiten, die nicht nur leere Kalorien enthalten, sondern reine Nährstoffbomben in Süßigkeiten- und Gebäckform sind. Sie enthalten Ballaststoffe, Antioxidantien, gesunde Fettsäuren, Proteine, Vitamine, Mineralien, vernünftige Kohlenhydrate und sättigen, ohne nach Trostpreis zu schmecken. Süßigkeiten, die Geschmacksknospen und Körperzellen gut tun.

❤

DIE REZEPTE SIND EINFACH und leicht zu variieren. Alle ohne Zusatz von Zucker, Gluten und Milchprodukten. Die Inspirationen stammen aus vielen Richtungen.

Ich finde, dass die Raw-Food-Bewegung viel für Menschen getan hat, die gesund leben, aber hier und da doch etwas Süßes genießen möchten. Ein Problem sind jedoch häufig die vielen Spezialzutaten, so dass man schon den Mut verliert, bevor man die Küche überhaupt betritt. Die Hürde ist einfach zu hoch, wenn man erst Coola Superfoodpulver für teures Geld bestellen muss. Dann ist es leichter, in die Süßigkeitenabteilung zu gehen mit dem Gedanken: „nur heute!“. Die Zutaten aus diesem Buch sind in den meisten Geschäften zu finden. Vor einigen Jahren waren Goji-Beeren etwas sehr Exotisches. Heute gibt es sie fast überall. Es kann interessant sein, diese süßen Gerichte mit Lucumapulver, das nach Vanille schmeckt, oder Kakaonibs, die man sicher nicht jeden Tag verwendet, zu verfeinern. Deshalb sind auch Vorschläge mit ungewöhnlichen Zutaten vorhanden, in der Regel aber nicht als Hauptzutaten.

DIE REZEPTE SIND EINE GOLDGRUBE für alle, die Zucker, Gluten und Milch meiden möchten oder müssen. Und für alle, die ihr Laster ein bisschen aufpeppen und ein Stück Kuchen zum Kaffee möchten – ohne schlechtes Gewissen.

KEIN HEISSHUNGER. KEIN SCHLECHTES GEWISSEN. KEINE KÄMPFE MEHR.

„War die Torte gut?"
„Ja, aber ich bereue es schon."
„Ich weiß, so geht es mir auch. Es schmeckt so gut, aber das ist es nicht wert. Immer ärgert man sich später!"
„Ich bereue immer schon den ersten Bissen".
„Das ist wie Rauschgift".
„Ich überlege ernsthaft, eine Flasche Kaustopp mitzunehmen. Die kann ich auf die Torte pinseln, damit ich sie nicht esse."

ICH LAUSCHE DEN Gesprächen meiner Tischnachbarinnen im Café. Drei erwachsene Personen sitzen dort und bereuen ihre „Sünden", quälen sich damit, dass sie der Versuchung erlegen sind und essen jede ein Stück Torte bei einer Art Geschäftstreffen. Wenn wir Torte essen, um zu genießen, sie aber trotzdem nicht richtig genießen können – dann stimmt etwas nicht!

Hat der Zucker so viel Macht über uns, mehr, als unser eigener Wille? Ich schreibe dieses Buch, damit Sie Süßigkeiten genießen können, die kein schlechtes Gewissen machen, mit dem Blutzucker kämpfen oder Hormonverwirrung und Bauchprobleme verursachen. Und Süßigkeiten, die alles andere sind, als leere Kalorien. Kurz und gut: Gutes, von dem Sie sich besser fühlen, wenn Sie es essen. Eine Art, Ihr Laster zu pimpen, könnte man sagen.

Es fällt Ihnen schwer, Ihre Naschlust zu zügeln? Sie denken vermutlich nicht einmal darüber nach, weil Sie diese direkt befriedigen, bevor sie ernsthaft einsetzt. Viele von uns stopfen einen Keks oder ein Stück Schokolade im Vorbeigehen in den

Mund: nach dem Mittagessen, am Nachmittag, wenn wir gestresst sind, wenn wir glücklich sind, wenn wir ruhelos sind, auf dem Heimweg von der Arbeit, während wir das Abendessen zubereiten, wenn die Kinder vor dem Fernseher sitzen oder ins Bett gebracht sind. Um nur einige Momente zu nennen, in denen wir am verletzbarsten sind. Naschlust ist faktisch eine Überlebensgarantie, wie merkwürdig das auch klingt. In unserer Überflussgesellschaft ist es nur ein bisschen unpraktisch, dass Zucker in verschiedenen Formen an jeder Ecke lockt. Unsere Steinzeitgene sind nicht wirklich dafür gemacht, Versuchungen, Düften und farbenfrohen Verlockungen zu widerstehen. Sie bringen uns dazu, in ein Stück Torte zu beißen, von dem unsere moderne Vernunft versucht, uns abzuhalten. Manchmal mit dem Ergebnis, dass wir ein schlechtes Gewissen durch einen winzigen Keks bekommen und dann finden, wenn es ohnehin schon so ist, können wir auch noch einen nehmen …

❤

IN DER STEINZEIT mussten wir uns um Krebs, Diabetes Typ 2, Herz- und Gefäßerkrankungen oder die Dämpfung von Unbehagen und Stress mit Gummibären nicht kümmern, statt eine nicht tragbare Situation zu ändern. Da ging es beim Essen um das Überleben. Fand man eine süße Wurzel, war das fantastisch. Oder einen Beerenstrauch! Sich nicht darauf zu stürzen, bedeutete eine geringere Überlebenschance. Jetzt ist es umgekehrt. Wer Süßigkeiten meidet, lebt meist länger oder hat gute Aussichten, gesund und vital zu bleiben.

Jetzt sind es nicht gerade süße Wurzeln und Beeren, auf die wir um halb fünf oder zum Kaffee gegen drei Uhr Lust haben. Es wäre gar kein Problem, täglich von einem üppigen Blaubeerstrauch ein bisschen zu naschen. Wenn es sich jedoch um zuckertriefende Blaubeer-Muffins handelt, dann wird es zum Problem. Zumindest langfristig.

Alles oder nichts? Oder ein süßer Mittelweg?

WIE GUT KLASSISCHER Kirschstreusel, ein knuspriger Cookie oder ein klebriger Schokokuchen auch schmecken: Hüftgold, Zuckersucht, Stimmungsschwankungen, Müdigkeit, Völlegefühl und geschädigte Blutgefäße sind sehr bitter. Und zu all dem trägt zu hoher Konsum von Zucker und raffinierten Kohlenhydraten bei.

Zucker ist zu etwas geworden, das vielen Menschen hilft, den Alltag zu bewältigen. Etwas, das Kinder im Supermarkt schnell beruhigt. Es scheint immer einen Anlass für einen Keks zu geben. Er dient als Kuscheleinheit, wenn man traurig, einsam, unruhig, müde, erschöpft ist oder Gesellschaft braucht und ist ein soziales Bindemittel, wenn wir mit Familien und Freunden umgehen.

Es gibt Menschen, die einen kleinen Keks essen und zufrieden sind und in der nächsten Woche wieder einen essen. Und andere essen hier und da Kekse, ohne schlechtes Gewissen, Müdigkeit und Hunger auf mehr. Das kann ich nicht. Ich bin eine haltlose Naschkatze, wenn ich die Süßigkeitentüte in der Hand habe. Leider habe ich viel Zeit meines Leben mit „entweder oder“ verbracht. Entweder aß ich täglich Zucker. Oder überhaupt keinen. Es ist schwer, sich gegen die natürlichen Reaktionen des Körpers zu wehren, Vernunft und Selbstbeherrschung sind nicht immer ganz zuverlässig. Also musste es 100 Prozent Enthaltsamkeit sein, um den Zuckerteufel zu besiegen – der Körper musste stattdessen mit Käse vorlieb nehmen. Aber Hand auf's Herz, ich vermisste die Süßigkeiten manchmal, auch wenn der Heißhunger verschwunden war. Und es ist nicht schlimm, manchmal zum Kaffee etwas Süßes zu essen. Das Belohnungssystem jubelt und manchmal brauchen wir etwas, das uns aufbaut. Aber man kann Süßigkeiten wählen, die gut schmecken und gut für den Körper sind – das ist eine kluge Wahl.

Die Zuckergier – so funktioniert sie

DAS ERSTE, WAS wir im Leben schmecken, ist süß – Muttermilch. Die Süße garantiert das Überleben der Säuglinge. In der Natur ist Süße ein Zeichen dafür, dass man Dinge gefahrlos essen kann. Beeren, Honig, Innereien und bestimmte Wurzeln waren im Grunde die einzigen süßen Dinge, zu denen unsere Vorväter Zugang hatten. Stolperte man über einen Beerenstrauch oder einen Bienenstock, war es schlau, alles in sich hinein zu stopfen. Wir sind mit einem Belohnungssystem ausgestattet, das „mehr, mehr“ signalisiert, wenn es Süßes anvisiert. Hier hat die Evolution ihren Job nicht gemacht und das Belohnungssystem nicht reguliert. Zucker wird schnell in Fett umgewandelt, als Reserve für schlechte Zeiten. Heute sind wir jedoch eher zu dick als unterernährt, durch zu viele Kalorien und zu wenig Nährstoffe. Ein tragisches Resultat aller raffinierten Kohlenhydrate, die überall zur Verfügung stehen.

Manchmal wird behauptet, dass Frauen für Naschlust zugänglicher sind, weil sie auf Hungerperioden sensibler reagieren. Dass die Schwangerschaft Reserven erfordert. Für Frauen im gebärfähigen Alter kann es schlau sein, einen ganzen Honigtopf zu verputzen, aber nicht jeden Tag!

Das Belohnungssystem – so funktioniert es

DAS BELOHNUNGSSYSTEM BESTEHT aus verschiedenen Botenstoffen, die dabei helfen, dass wir uns wohlfühlen. Man kann sich durch Sport wohlfühlen oder ein Glas Wein. Zum Problem wird es, wenn wir das Belohnungssystem unter- oder überfüttern. Überlegen Sie, wie gut es schmeckt, wenn Sie richtig Hunger haben. Vielleicht hatten Sie Magenprobleme und fühlen sich endlich besser. Oder Sie haben Diät gehalten und sind gierig nach Süßem, Fettigem. Nach einer solchen Zeit passiert es schnell, dass Sie zu viel nehmen und es übertreiben.

Gleichzeitig überfüttern Sie das Belohnungssystem, indem Sie zu viel essen, das eigentliche Fest wird zum Alltag. Dann brauchen Sie immer mehr Kicks, um das beruhigende Gefühl zu erzielen, das ein Stück Schokolade schenken kann.

Manchmal wünscht man sich, man könnte die Gier abschalten. Einfach so. Den Schalter finden. Man könnte sich wünschen, dass es sich nicht so gut anfühlte, an einem stressigen Tag mit Kaffee und Kuchen Pause zu machen. Dass es nicht so gemütlich wäre, die Woche mit gesalzenen Chips und einem Glas Wein abzurunden. Alle, die versucht haben, Diät zu halten, wissen, was ich meine.

Genießen Sie maßvoll

WIE WIRD MAN zu einer Person, die vom Belohnungssystem einen Kick durch Sport, nährstoffreiches Essen und smarte Süßigkeiten erhält – von Dingen, die uns gut tun?

Leider können wir unsere Chancen zerstören, uns zufrieden zu fühlen, wenn wir der kleinsten Gier nachgeben. Das Schöne verliert seinen Glanz. Aber in Bezug auf Essen spielen viele Systeme zusammen und verstärken die Wirkung. Der Blutzucker steigt an, das Gehirn jubelt: „Hurra, leicht verfügbare Energie", der Dopamingehalt steigt, wir werden ruhig und glücklich. Die Cortisolausschüttung (Stresshormon) nimmt ab. Uns wird leichter zu Mute. Vergleichen Sie die Stimmung bei der Arbeit eine halbe Stunde vor dem Mittag und danach!

❤

DAS GEHIRN IST umsichtig. Es möchte, dass wir Linderung von Stress, Verwirrung und Rastlosigkeit fühlen, die Bestandteil des Alltags sind. Hat man einen positiven Zirkel, geht das wie von selbst. Die Lust am Sport steigt, das Gemüse schmeckt besser. Aber ... dann kommt eine Erkältung oder Stress im Beruf. Kein Sport, kein Kick für das Belohnungssytem. Das Gehirn benimmt sich wie eine Glucke und kommt mit kleinen, listigen Vorschlägen: „Kaffee und Gebäck vielleicht?". Das Belohnungssystem dankt und Sie fühlen sich für den Moment besser, stellen aber schnell fest, dass Sie sich in einem so genannten negativen Zirkel befinden. Mehr Gebäck, weniger Sportlust, mehr Gebäckgier, noch weniger Sportlust = schlechtes Gewissen. Das Gehirn kann nicht entscheiden, welche Art der Aktivierung des Belohnungssystems gut oder weniger gut ist. Leider. Deshalb gibt es gewisse Schwankungen zwischen den Extremen: Eine Lage, in der alles fließt, und eine, in der einfach nichts klappt. Aber Sie sind der Steuermann!

Ich nehme immer ab, wenn ich nach Frankreich fahre. Völlig unverständlich, weil ich dort besser als woanders esse, aber trotzdem nehme ich ab. Zu Hause nehme ich wieder zu. Ich verstehe das nicht.

Das berichtete einer meiner Kursteilnehmer. In Frankreich aß er Austern, zartes Fleisch, frischen Fisch, Gänseleber (wie politisch inkorrekt das auch sei) und trank täglich ein Gläschen Wein. Zurück in Schweden machte er es wie die meisten: Am Morgen Knäckebrot mit fettreduzierter Margarine, magerem Käse und einem Paprikaring. Joghurt und ungesüßtes Müsli dazu. Salat zu Mittag. Am Nachmittag „sündigte" er ein bisschen. Mit einem Latte und einem Cupcake. Am Abend dann Pasta.

Das Problem ist, dass diese Kost dem Belohnungssystem einen einzigen Kick gibt: die kleine Sünde am Nachmittag. Zurück in Frankreich aß er seine kleinen, befriedigenden Portionen, spülte mit etwas Wein nach, begnügte sich mit einem Macaron zum Espresso am Nachmittag – und war zufrieden.

❤

WIE VERLAUFEN IHRE Nachmittage? Voller „Bestrafungskörner", fettarmer Milch und kratziger Weizenkleie? Fühlen Sie sich „tüchtig", aber auch ein bisschen unzufrieden? Dann ist es höchste Zeit für ein bisschen Genuss im Alltag – ohne schlechtes Gewissen oder Blutzuckerprobleme.

Blutzucker im Gleichgewicht

DER BLUTZUCKER PENDELT bei einem gesunden Menschen nicht stark. Sie können den Körper vor unnötigem Zusatz von Hormonen, u. a. Insulin und Cortisol, schützen und durch intelligenten Umgang mit Zucker eine gleichmäßige Zuckerkurve erreichen.

Wenn Sie morgens erwachen, haben Sie die ganze Nacht gefastet. Der Blutzucker ist niedrig, Sie lassen sich schnell von Süßem, leicht Verdaulichem verlocken. Es ist kein Zufall, dass Frühstücksprodukte reine Zuckerbomben sind, z. B. süßer Joghurt und süßes Müsli. Gehirn und Muskeln können diese Kohlenhydrate schnell verwerten. Das Gehirn möchte ungern warten. Deshalb müssen wir aufpassen, das Urteilsvermögen kann morgens versagen. Ein Glas süßer Saft baut auf – er enthält viel Zucker –, kann sich aber später negativ auswirken. Steigt nämlich der Blutzucker schnell an, will ihn der Körper mit dem Hormon Insulin im Griff halten.

Natürlich können Sie zwischendurch etwas Süßes essen und der nächsten Attacke widerstehen. Es kann aber passieren, dass Konzentration und Stimmung, Arbeitsleistung, Problemlösungsvermögen und soziales Engagement sinken.

Versteht man, dass die Naschlust am Nachmittag größer ist, wenn das Frühstück zu süß war, kann man den Trend durch eine bessere Basis am Morgen brechen. Dann können Sie den Blutzucker bis zum Mittag stabil halten, am Nachmittag mit Gesundem bis zum Abendessen stützen. Das macht es einfacher, auf Zuckerbomben zu verzichten und stattdessen Süßigkeiten aus diesem Buch zu wählen, die keinen bitteren Beigeschmack durch eine Blutzuckerachterbahn haben.

Essen Sie ordentlich!

DAS WICHTIGSTE ZUM Zügeln der Naschlust und des Impulses, nach einem Stück Schokolade zu greifen, ist, sich satt zu essen und den Blutzucker stabil zu halten. Das sagt sich leicht. Denn trotzdem spüren viele von uns hier und da den kleinen Hunger und riskieren einen Rückfall. Wir sind nicht dazu geschaffen, Lust und Hunger zu widerstehen. Deshalb dauern die meisten Diäten auch 14 Tage – mehr schaffen wir einfach kaum. So beißen wir die Zähne zusammen und belohnen uns später. Und sind wieder im Teufelskreis von Appetit, Naschlust und Gewichtszunahme angekommen.

Hunger und Erschöpfung werden von sensiblen Funktionen gesteuert, an denen viele verschiedene Hormone, Peptide und Botenstoffe beteiligt sind. Es geht nicht nur um Willensstärke, das möchte ich unterstreichen.

Geschmacksknospen

UM EIN GUTES Verhältnis zu Süßem zu erreichen, kann eine „Löschtaste“ helfen. Das kann ein Zeitraum mit LCHF sein. Es können einige Tage ausschließlich mit Gemüse und Fisch oder rein vegetarischer Kost mit Süße nur aus Wurzelgemüse sein. Welche Methode Sie auch wählen, um die Geschmacksknospen auf Null zu stellen, es geht darum, dass Sie das offensichtlich Süße weglassen, auch Trockenfrüchte, vielleicht auch normales Obst. Dann wird der Geschmack stärker und Sie benötigen nicht so viel. Ein paar Mandeln können dann ausreichen, um die Naschlust zu befriedigen. Denn Mandeln sind süß – Süßmandeln!

Meine Rezepte sind ganz einfach, aber mit Gewürzen wie Chili, Ingwer, Vanille, Salz, Lakritz und Limette wird das Geschmackserlebnis komplexer und reizvoller. Experimentieren Sie mit den Rezepten und wählen Sie Gewürze nach Ihrem Geschmack!

Stress und Naschlust

ICH KENNE NIEMANDEN, der sich nicht manchmal gestresst fühlt. Aber wie logisch ist es eigentlich, dass wir essen möchten, wenn es hektisch wird? Rein physiologisch gibt es mehrere Erklärungen. Zunächst handelt es sich um Cortisol, das Stresshormon, das u. a. zur Aufgabe hat, Hunger und Naschlust zu erzeugen. Cortisol hat eine lange Halbwertzeit und beeinflusst uns lange, nicht nur, wenn wir dem Säbelzahntiger gegenüberstehen oder moderneren Herausforderungen: die Fahrt zum Kindergarten, wichtige Präsentationen, eine enge Deadline und so weiter. Jetzt wenden wir uns dem Langzeitstress zu. Diesen erfahren wir, wenn wir über die Finanzen grübeln, eine schlechte Arbeitssituation, komplizierte Verhältnisse, eine Krankheit, Sorgen, das Gefühl, in einer Mühle zu stecken ... etwas, das wir nicht abstellen können. Was uns immer verfolgt. Wir können nur lernen, mit dem Stress umzugehen. Deshalb liegen Meditation, Mindfulness, Stressbewältigung, Stresscoaching immer mehr im Trend und wir finden eine funktionierende Verhaltensweise für die Situation, in der wir leben – oder ausreichend Ruhe, um uns herauszuretten. Was hat das mit unserer Naschlust zu tun? Es ist sehr effektiv, in Verbindung mit Stress etwas Süßes zu essen. Es hält die Drehzahl aufrecht, wenn sie hochgeht und hilft, sie zu senken.

AUCH WENN WIR uns Süßem in Verbindung mit Stress enthalten, können wir die Naschlust spüren. Stresshormone helfen, den Blutzucker hochzuhalten, danach jedoch fällt er ab und wir möchten ihn wieder anfüllen.

Wenn Sie wissen, dass es nicht einfach um Ihren hoffnungslosen, nicht vorhandenen Charakter geht, ist es leichter, Naschlust zu registrieren und ihr konstruktiv zu begegnen.

Manchmal kann es auch relevant sein, scharf zu schießen. Manchmal finde ich, dass JETZT der richtige Zeitpunkt ist, ein normales, nährstoffmäßig trauriges Schokostück zu nehmen und gut damit zu leben. Nach einer schlechten Nacht mit einem unruhigen Kind, einem Zeitraum starker Arbeitsbelastung oder emotionalen Katastrophen – ok. Solange man weiß und versteht, um was es sich handelt und es ausnahmsweise zulässt, sehe ich kein Problem. Aber wenn Stress, Niedergeschlagenheit, extreme Arbeitslast, emotionale Krisen und finanzieller Druck zur Normalsituation werden und damit auch das Essen von Süßem, dann besteht ein Problem. Wie erleichternd es sich auch zunächst anfühlt.

ICH VERLASSE JETZT den Stressbereich. Ein stressfreies Leben und hundertprozentige Zufriedenheit halte ich für eine Utopie. Aber das Bewusstsein darüber kann helfen, den zufälligen Zuckerkonsum, der uns auf den Beinen halten soll, zu unterbrechen. Und vielleicht sehen wir etwas klarer und können unhaltbare Situationen ändern, wenn wir auf Zucker als emotionalen Stoßdämpfer verzichten? Ich habe das bei meinen Kunden erlebt, viele Male.

Kaffee, Schlaf und Naschlust

VIELE LIEBEN KAFFEE und können sich nicht vorstellen, keinen zu trinken. Wenn man aber die Naschlust überwinden will, kann es helfen, den letzten Kaffee am Mittag zu trinken. Aus vielen Gründen. Koffein aktiviert unseren Stressrespons, hat belebende Wirkung und kann deshalb den Schlaf stören, da die Halbwertzeit so lang ist, dass das Koffein der Tasse Nachmittagskaffee noch im Blut ist, wenn man sich schlafen legt. Sie schlafen vielleicht ein, der Schlaf ist jedoch nicht so tief und erholsam.

In Bezug auf Schlaf und Naschlust kann man leicht feststellen, dass zu wenig oder schlechter Schlaf die Zügelung der Naschlust erschwert. Einerseits ist Schlafmangel Stress für den Körper und wir haben die Tendenz, diesen zu überbrücken, in dem wir uns etwas in den Mund schieben, oft Süßes. Das ist nachvollziehbar und kann manchmal praktisch sein. Natürlich ist es besser, an der Tankstelle zu halten, einen Kaffee und Schokolade zu kaufen, als am Steuer zu schlafen. Das Problem ist nur, dass viele von uns durchs Leben gehen, als gehe es stets darum, nicht hinter dem Lenkrad einzuschlafen. Wir werfen ein bisschen Kaffee und Zucker ein, um durch den Tag zu kommen. Und das täglich.

Ein weiterer Grund ist, dass Kaffee bitter schmeckt, was unsere Geschmacksknospen gern kompensieren möchten. Bitter ist eigentlich ein Signal für Gift, wir sind nicht darauf ausgerichtet, Bitteres zu mögen. Wir können dies durch den Zusatz von Koffein überspielen, er wirkt nachweislich anregend und wir „glauben", dass wir

Bitteres mögen, da wir es mit der anregenden Wirkung verknüpfen. Wir können die Bitterkeit auch mit Süßem überdecken. Zucker, Milch oder Kuchen. Die Bitterkeit an sich kann uns also hungrig auf Süßes machen.

Sind Sie bereit, auf den Nachmittagskaffee zu verzichten, um die Naschlust zu vermeiden und morgen fitter zu sein? Ich selbst schwanke zwischen dem Weglassen des Nachmittagskaffees in bestimmten Zeiträumen, sonst aber mit Verwundbarkeit und Naschlust zu leben, denn manchmal möchte ich gutes Essen wirklich mit einer Tasse Kaffee abrunden. Niemand muss strikt oder dogmatisch sein, aber Wissen ist Macht. Und manchmal brauchen wir Macht, um die Naschlust auszutricksen.

Stevia oder Süßstoff statt Zucker?

VIELLEICHT HAT ES für die Volksgesundheit insgesamt Vorteile, wenn wir kalorienfreie Süßmittel statt normalem Zucker nehmen. Das ist jedoch nicht ganz unproblematisch. Tut mir leid!

Diese Süßmittel sind vor allem für Menschen mit Diabetes gedacht, nicht für Gesunde mit normaler Insulinproduktion.

In Zeiten, in denen Stevia, Süßstoff, Fruchtzucker und Zuckeralkohole als Produkte vertrieben werden, die „den Blutzucker nicht beeinflussen" oder „hochtreiben", möchte ich ein paar Fakten erwähnen. Es vergeht kein Tag, an dem ich nicht gefragt werde, welche Zuckeralternative die beste ist – Agave, Birkenzucker, Süßstoff, Sukrin oder Stevia. Ich antworte meist ausweichend. Alle haben nämlich Vor- und Nachteile. Von den sogenannten blutzuckerneutralen Varianten wie Stevia und Süßstoff ist Stevia ein Kraut ohne dokumentierte Gesundheitsrisiken. Süßstoff ist ein stark diskutiertes, chemisches Produkt, das im Verdacht steht, Krebs und neurologische Erkrankungen zu erzeugen. Den Wahrheitsgehalt möchte ich nicht kommentieren. Wie auch immer ... In Verbindung mit der Naschlust muss man darauf hinweisen, dass das Gehirn bei der Registrierung von Süße sofort zum Gegenfeuer ansetzt. Es signalisiert der Bauchspeicheldrüse, Insulin zu produzieren. Und steigt der Blutzucker nicht in dem Maß, wie er bei der entsprechenden Menge Zucker steigen müsste, kommt es zum Blutzuckersturz ohne vorherigen Anstieg. Dies geschieht unabhängig davon, ob es sich um Kraut oder Chemikalien handelt.

„Ich habe mit Gluten kein Problem".

VIELLEICHT HATTEN SIE noch keine erkennbaren Symptome wie einen angeschwollenen Bauch, Verstopfung, Diarrhoe, Apthen, Gliederschmerzen, Depression, Kopfschmerzen, Flüssigkeitsansammlungen, Akne und Hautirritationen. Wenn doch, ist es ziemlich sicher, dass Gluten, das eigentlich jeder täglich zu sich nimmt, dafür verantwortlich ist. Aber Gluten kann auch ein Problem sein, wenn wir die üblichen Symptome nicht zeigen. Es gibt immer mehr Erkenntnisse, warum die Zahl der Wohlstandserkrankungen bei uns ansteigt.

Nicht nur Zucker und Stillsitzen scheinen verantwortlich zu sein. Gluten kann eine schädliche Wirkung auf die Darmschleimhaut haben, die dazu beiträgt, dass die leckeren Stoffe (wie z. B. Proteine) direkt ins Blut gelangen, statt die Zellen der Darmschleimhaut zu passieren. Vielleicht finden wir bald die Antwort auf viele Rätsel wie Gelenkschmerzen, Hautprobleme, Magenschmerzen und andere Erkrankungen wie Herzkreislaufprobleme, Diabetes und Krebs, bei denen Entzündungen eine Rolle spielen. Vielleicht kann glutenfreie Ernährung das Risiko für diese Erkrankungen senken. Das ist derzeit noch nicht erwiesen, der Verzicht auf Gluten ist jedoch völlig gefahrlos. Die Wahl natürlicher, glutenfreier Alternativen wie Quinoa, Buchweizen, Reis und die nicht stark veredelten, glutenfreien Produkte, in denen das Protein Gluten ausraffiniert ist und nur die Weizenstärke zurückgeblieben ist, ist risikolos. Testen Sie einmal, ob Sie sich wohler fühlen, wenn Sie eine Zeitlang auf Gluten verzichten. Ich spreche hier nicht von Zöliakie, sondern von Unverträglichkeiten. Und diese stellt man erst beim Verzicht auf Gluten über einen Zeitraum fest, wenn man beobachtet, was mit Energie, Kopf- und Gliederschmerzen, Bauch, Haut, Schlaf, Stimmung passiert.

WICHTIGES ZU HAFER UND GLUTEN. Das Buch enthält Rezepte mit Haferflocken. Hafer ist ursprünglich glutenfrei, wird er jedoch zusammen mit anderem Getreide verarbeitet, können in Haferflocken Spuren von Gluten vorhanden sein. Wenn Sie an Zöliakie leiden und Gluten komplett vermeiden, sollten Sie reinen Hafer aus dem glutenfreien Regal im Laden verwenden.

UND MILCH?

DER MENSCH BRAUCHT keine Milch, wie sehr uns die Werbung auch einreden will, dass Milch die Knochen stärkt. Alles deutet darauf, dass das nicht wirklich funktioniert: Wir schütten jede Menge Milch in uns hinein und leiden dennoch an Osteoporose. Milch enthält viele wichtige Nährstoffe, die auch in Gemüse, glutenfreiem Getreide, Hülsenfrüchten, Nüssen, Samen, Eiern, Fisch, Schalentieren und Fleisch enthalten sind. Verzichten Sie eine Zeitlang auf Milch und beobachten Sie die Reaktion Ihres Körpers. Ganz ohne Risiko. Aber ersetzen Sie Milchprodukte nicht durch laktosefreie Produkte – auch hier handelt es sich um Kuhmilch und sie sind wirkungslos, wenn Sie nicht ohne Ihr Wissen laktoseintolerant sind. Nehmen Sie lieber Mandelmilch, Kokosmilch, Hafermilch oder Ähnliches.

Gehöre ich dazu, auch wenn ich ablehne?

SEIT VIELEN JAHREN gebe ich Kurse in Zuckerentwöhnung. Das häufigste Hindernis, das ich von den Teilnehmern höre, ist nicht, dass sie ihre Naschlust nicht im Griff hätten. Überhaupt nicht. Nein, es ist der Umgang mit den Reaktionen der Umwelt.

Sie fürchten sich einfach vor dem Verhalten von Schwiegermüttern und Kollegen!

„Es geht so lange gut, wie ich es für mich durchziehe. Aber im Dezember ist es schwer, zu entwischen“, sagte eine Teilnehmerin.

Wenn wir Zucker weglassen, verändern wir nicht nur uns selbst. Wir bringen unsere Umwelt dazu, Gewohnheiten zu reflektieren. Und das ist nicht immer populär. Einige vermissen ihre Kaffeerunde. „Wie soll man dich jetzt einladen?“, bekommt man zu hören. Und oft zweifeln wir selbst ein bisschen, weil wir ja einsehen, dass ein Schokoladenmuffin zum Freitagskaffee unglaublich gut schmeckt. Und ist es nicht respektlos, jemanden abzuweisen, der so schön für dich gebacken hat? Was wird die Schwiegermutter sagen? Es ist üblich, Liebe und Sorge durch Süßigkeiten oder Hefeteilchen zu zeigen. Zucker zu essen oder nicht ist kein Diskussionsthema. Es ist eine persönliche Entscheidung, die wir aus Sorge für uns selbst treffen. Das muss man nicht verteidigen oder erklären. Es reicht, „danke, nein danke“ zu sagen, das ist aber nicht immer selbstverständlich.

Sie denken vielleicht: „Aber ich erkläre gern! Ich erkläre meinen Kollegen gern, wie heikel die Sache mit dem Zucker ist.“ Mein guter Rat: Erklären Sie aus Ihrer Sichtweise und so kurz wie möglich. Vermeiden Sie Brandreden über alle schädlichen Auswirkungen. Seien Sie Vorbild. Wenn Sie die Umgebung weiter aufzieht, greifen Sie zum Klassiker: „Ich habe Angst um meine Zähne“. Aus irgendeinem Grund wird das mehr akzeptiert als andere Gesundheitsfaktoren.

Denken Sie Gutes über gesunde Ernährung

DAS HÖRT MAN so oft, dass man manchmal denkt, das klingt altmodisch. Aber lassen Sie uns mal darüber nachdenken: Alles beginnt mit einem Gedanken. Unterschiedliche Gedanken verursachen unterschiedliche Gefühle. Und das Gefühl entscheidet oft, wie wir handeln. Daher entscheiden unsere Gedanken über unsere Ernährung oft, was wir essen. Wenn Sie denken, Haferflocken sind eine Strafe, Mandeln ein Trostpreis und ein Smoothie nur ein kleiner Trost, wenn man Zuckerwatte möchte – dann ist es schwer, gesund zu leben. Wenn Sie aber Mandeln als Nährstoffbomben und den Smoothie als Balsam für den Körper betrachten, hat die richtige Wahl wichtige Bedeutung und fällt leichter. Überholen Sie Ihre Ideen über Nahrung! Wenn Sie der Ansicht sind, die Süßigkeiten aus diesem Buch sind Trostpreise und etwas, das Sie eigentlich nicht essen möchten, haben Sie einen langen Weg vor sich. Nehmen Sie Ihre kluge Entscheidung als positiv an!

GENUG MIT THEORIE! Wir möchten backen, mixen, schneiden, hacken: Es ist Zeit, die Welt der gesunden Süßigkeiten zu erforschen, die Geschmacksknospen und Körperzellen genau das geben, was sie möchten!

Auf den nächsten Seiten finden Sie Rezepte vom Rote-Bete-Eis bis zu gesünderen Varianten von Snickers und Bounty. Gute Smoothies und erfrischende Drinks, tolle Muffins und leckere Kuchen. ALLE sind gesund, das heißt: Sie schmecken göttlich und bieten ernährungsmäßige Boni.

GEBÄCK

Die Rezepte sind einfach. Es geht nicht um fünf Gramm hier und fünf Gramm da. Improvisation tut ihnen keinen Abbruch, sie werden trotzdem gut: Vor dem Backen oder Einfrieren alles einfach abschmecken!

»» Einfache, nährstoffreiche Plätzchen mit Eisen aus Aprikosen und Ballaststoffen aus Haferflocken, Buchweizen- und Reismehl.

HAFERKEKSE

10 Plätzchen

60 g Buchweizenmehl
60 g Reismehl
25 g Haferflocken*
3 EL Kokosöl
200 g Datteln, kernlos
100 g getrocknete Aprikosen, ungeschwefelt
1 TL Backpulver
1 TL Vanillepulver

Aroma auswählen

40 g Kakao
100 g gehackte Nüsse
75 g Sesamsamen
50 g Kakaoraspeln
80 g Goji-Beeren
65 g Rosinen
80 g dunkle Schokolade, grob gehackt (mind. 70 % Kakaogehalt)

Ofen auf 175 Grad vorheizen.

Alle Plätzchenzutaten in die Küchenmaschine geben. Wenn mit Kakao verfeinert wird, diesen mit in die Maschine geben. Rosinen, Nüsse oder Ähnliches werden später von Hand untergerührt.

Teig in zehn Portionen teilen, Kugeln formen und flachdrücken.

Im Ofen bei mittlerer Einschubhöhe 15–18 Minuten backen, bis die Plätzchen Farbe angenommen haben.

**Mehr zu Hafer und Gluten auf Seite 17*

*»» Lecker, gut und köstlich zum Kaffee!
Ideal für den Blutzucker durch lösliche Fasern, Proteine, Kohlenhydrate.
Essen und genießen!*

COOKIES

12 PLÄTZCHEN

25 g Mandelmehl
25 g Buchweizenmehl
50 g Haferflocken*
25 g Kokos, gerieben
2 EL Kokosöl
200 g Datteln, kernlos
1 TL Vanillepulver
1 Ei

Ofen auf 175 Grad vorheizen.

Alle Zutaten in der Küchenmaschine zu einem glatten Teig mischen. Teig zu 12 Kugeln ausrollen, auf ein Blech legen und flachdrücken, so dass die Plätzchen zentimeterdick werden.

Im Ofen bei mittlerer Einschubhöhe ca. 15-18 Minuten backen.

**Mehr zu Hafer und Gluten auf Seite 17*

PEACEMUFFINS

CA. 20 KLEINE MUFFINS

100 g Mandelmehl
1 TL Backpulver
1 TL Vanillepulver
2 reife Bananen
2 Eier
20 Himbeeren, TK oder frisch
Kokosöl für die Formen

Ofen auf 200 Grad vorheizen.

Alle trockenen Zutaten mischen. Banane zu Mus quetschen und mit den Eiern verrühren. Zu den trockenen Zutaten geben.
In kleine, gepinselte Formen verteilen. Jeden Muffin mit einer Himbeere verzieren.

Im Ofen bei mittlerer Einschubhöhe ca. 10 Minuten backen.

»»» *„Viel zu trocken, gar nicht wie richtige Muffins“, sagte eine Freundin zu einer frühen Version meiner Schokoladenmuffins. Leider hatte sie nicht ganz unrecht. Also fing ich von vorn an und habe diese hier gebacken. Meine Freundin aß zwei Stück und ging mit dem Rezept nach Hause. Zwei Wochen später bekam ich eine E-Mail von ihrer Kollegin: „Danke für deine Schokoladenmuffins! Wir backen sie jetzt donnerstags zum Kaffee, alle lieben sie.“*

»»» Natürlich schmachtet man hin und wieder nach einem leckeren Blaubeer-Muffin. Oft gefolgt vom schlechten Gewissen, wenn man dem Heißhunger nachgibt. Schluss damit! Diese sind nicht so süß, machen aber satt, zufrieden und glücklich!

BLAUBEER-MUFFINS

CA. 6 MITTELGROSSE MUFFINS

220 g Mandeln
1 reife Banane
3 Eier
60 g Blaubeeren
2 EL Kokosöl
½ TL Backpulver
1 Prise Salz
Kokosöl für die Formen

Ofen auf 200 Grad vorheizen. Mandeln mahlen und Banane hineinkneten.Restliche Zutaten zugeben und mischen.
In bepinselte Muffinformen füllen und 12-15 Minuten backen.
Mit der Küchenmaschine können alle Zutaten bis auf die Blaubeeren gemischt werden.
Mit den Mandeln beginnen.
Die Blaubeeren werden zum Schluss untergehoben.

SCHOKO-MUFFINS

CA. 6 GROSSE MUFFINS

200 g Mandeln
3 Eier
150 g Datteln, kernlos
1 reife Banane
100 ml Wasser
40 g Kakao
1 Prise Meersalz
Kokosöl für die Formen

Ofen auf 175 Grad vorheizen.

Mandeln mit der Küchenmaschine zu Mehl mahlen.
Die restlichen Zutaten hinzufügen und in der Maschine zu einem gleichmäßigen Teig mischen.

In bepinselte Muffinformen füllen und 15–17 Minuten backen. Sie müssen fest, aber nicht hart sein.

Hier ein ausgezeichnetes Beispiel dafür, wie man Nahrung in leckeres Backwerk verwandelt. Perfekt zwischendurch oder nach einer Suppe! Das ist außerdem auch die einzige Art, mit der ich meinen Kindern Süßkartoffeln schmackhaft machen kann.

SÜSSKARTOFFEL-MUFFINS

5 GROSSE ODER
10 KLEINE MUFFINS

200 g Mandeln (oder Mandelmehl)
½ Süßkartoffel, geschält
1–2 TL Zimt, gemahlen
1–2 TL gemahlener Kardamom
½ TL Backpulver
2 reife Bananen
4 Eier
evtl. 1 EL Honig
Kokosöl für die Formen

Ofen auf 175 Grad vorheizen.

MIT DER KÜCHENMASCHINE: Mandeln zu grobem Mehl mahlen. Süßkartoffel und Gewürze, Backpulver, Bananen und Eier zugeben. Alles zu einem glatten Teig mischen. In gefettete Formen füllen und bei mittlerer Einschubhöhe im Ofen ca. 15 Minuten backen, große Muffins 20 Minuten.

OHNE KÜCHENMASCHINE: Kartoffel fein reiben. Mandelmehl, zerquetschte Banane zugeben, alle Zutaten zu einem glatten Teig mischen. In gefettete Formen füllen und bei mittlerer Einschubhöhe im Ofen ca. 15 Minuten backen, große Muffins 20 Minuten.

HIMBEER-KOKOS-MUFFINS

CA. 10 MITTELGROSSE MUFFINS

75 g Kokos, gerieben
65 g Mandeln
60 g Buchweizenmehl
1 TL Backpulver
3 reife Bananen
2 Eier
120 g Himbeeren
½ TL Vanillepulver
Kokosöl für die Formen

Ofen auf 200 Grad vorheizen.

Kokos und Mandeln zu Mehl mahlen. Die restlichen trockenen Zutaten zugeben, danach Bananen und Eier. Zu einem glatten Teig mixen. Die ganzen Himbeeren einrühren.

In bepinselte Formen füllen, bei mittlerer Einschubhöhe normale Formen 15 Minuten, große Formen etwas länger backen. Evtl. zwei Formen übereinander verwenden.

MÖHRENTORTE MIT KOKOS

10-12 STÜCKE

4 Eier
50 ml Kokosöl
1 reife Banane
4 geriebene Möhren (ca. 400 g)
210 g Reismehl
1 TL Vanillepulver
2 TL Kardamom, gemahlen
1 EL Honig
200 ml Apfelsaft
1 TL Backpulver
25 + 25 g Kokos, gerieben
½ TL Salz

Ofen auf 200 Grad vorheizen.

Ei schaumig schlagen. Kokosöl, Banane, Möhren, Reismehl, Gewürze, Honig, Apfelsaft und Backpulver mit der Küchenmaschine zu einem glatten Teig mixen. Ei unterheben, verrühren und Hälfte des Kokos zugeben. Teig in eine Springform füllen und 20-25 Minuten backen.

Kuchen abkühlen lassen. Restlichen Kokos vor dem Servieren aufstreuen.

»» *Einfach und unkompliziert. Ein Möhrenkuchen mit gutem Protein, Fett und Kohlenhydraten. Mit löslichen Fasern, Vitaminen und Mineralien. Nicht alle Möhrenkuchen können damit gleichziehen.*

KARDAMOMKUCHEN

10-12 STÜCKE

2 reife Bananen
65 g Mandeln
75 g geriebener Kokos
+ ein bisschen zum Bestreuen
210 g Reismehl
2 TL Kardamom, gemahlen,
oder mehr, nach Geschmack!
1 TL Backpulver
2 Eier

Ofen auf 200 Grad vorheizen.

Reife Bananen, Kokos und Mandeln zu Mehl mahlen. Alle trockenen Zutaten mischen und dann gemuste Banane und Eier einrühren.

In eine Form füllen, etwas Kokos aufstreuen und ca. 10 Minuten backen. Guten Appetit!

»» Toll als Tortenbasis, süß und frisch! Mit einem schönen Eis oder Mousse toppen und mit Kerzen verzieren. Oder einfach so essen – gern in Gesellschaft bei einer Tasse Tee.

VANILLE-BIRNEN-KUCHEN

10–12 STÜCKE

60 g Weizen- oder Reismehl
240 g Mandelmehl
½ TL Vanillepulver
1 TL Backpulver
2 saftige Birnen, geschält und gerieben
3 Eier, getrennt
1 EL Honig

Ofen auf 175 Grad vorheizen.

Erst alle trockenen Zutaten mischen, dann geriebene Birne und Eigelb zugeben. Eiweiß schlagen und vorsichtig unter den Teig heben.

Teig in eine Form füllen und bei mittlerer Einschubhöhe ca. 20 Minuten backen.

KLITSCHKUCHEN

10–12 STÜCKE

6 Eier, getrennt
200 g Mandeln
250 g Datteln, kernlos
200 ml Wasser
40 g Kakao oder mehr, wenn man Schokoladengeschmack mag
evtl. eine Messerspitze Chili

Ofen auf 175 Grad vorheizen.

Eiweiß und Eigelb getrennt schlagen. Mandeln im Mixer zu Mehl verarbeiten. Datteln, Wasser, Eigelb und Kakao hinzugeben. Auf hoher Stufe mixen. Eiweiß vorsichtig unter den Schokoteig heben, damit die Luftigkeit bleibt. Für den besonderen Kick z. B. mit Chili würzen.

Teig in eine Springform füllen und bei mittlerer Eischubhöhe ca. 20 Minuten backen.

»» Dieser Kuchen macht jeden schwach! Saftig, nussig und mit echtem Schokogeschmack. Am besten schmeckt er abgekühlt oder am nächsten Tag. Ein Kuchen ohne Weizenmehl wird nicht trocken und langweilig, wenn man ihn stehen lässt, im Gegenteil. Natürlich ist er sündhaft gut, aber er macht auch satt und zufrieden. Ein kleines Stück reicht. Gern mit Beeren-Mousse oder einem Schlag Eis essen. Der Kuchen darf nicht „zittrig" sein, wenn er aus dem Ofen kommt.

„Trockene Kuchen sind schrecklich!", hieß es, als man hörte, dass ich einen Kuchen ohne Butter, Zucker und Weizenmehl machen wollte. Man aß und schwieg. Und aß ein bisschen mehr. Und nahm die Reste mit nach Hause.

CHOCOLATE CHAI MUDCAKE

10-12 STÜCKE

300 g Datteln, kernlos
200 ml Wasser
90 g Mandeln oder Haselnüsse
100 ml Kokosöl
2 TL Ingwer, gemahlen
2 TL Kardamom, gemahlen
2 TL Zimt, gemahlen
1 EL Backpulver
120 g Buchweizenmehl oder Reismehl
3 EL Kakao
2 Eigelb
300 ml Kokosmilch
4 Eiweiß

Ofen auf 175 Grad vorheizen.

Datteln und Wasser bei schwacher Hitze zu einer breiartigen Masse kochen, ca. 15 Minuten.

Nüsse zu Mehl mahlen, Datteln, Kokosöl, Gewürze, Backpulver, Mehl, Kakao und Eigelb zugeben. Kokosmilch auf höchster Stufe nach und nach zugeben. Eiweiß fest schlagen und unter den Teig heben.

Teig in eine Springform füllen und bei mittlerer Einschubhöhe ca. 50 Minuten backen.

TIPP! Dicke Schicht Schokoladenmousse (Seite 88) ausstreichen und gehackte Haselnüsse über den Kuchen streuen.

EIS & FRUCHTEIS

Schnelles Eis, ohne langes Warten, bis es gefroren ist. Zutaten mixen und essen! Sanft und weich, der beste Genuss der Welt.

Ein Meilenstein! Eine der ersten Eiskombinationen, die ich im Laufe meiner ernährungsbewussten Reise bereitet habe und die mich immer als heimlicher Favorit begleitet. Beeren voller Vitamine und Antioxidantien mit sättigender Nusscreme und der frischen Süße der Mango – Tschüss Eis mit Zucker und Sahne!

HIMBEER-MANGOCREME

4 PORTIONEN

2 EL Cashew-Butter
200 g Himbeeren, TK
200 g Mango, TK
1 ½ EL Honig

Alle Zutaten in der Küchenmaschine oder mit dem Mixer mischen. Gehackte Datteln und gehackte, geröstete Haselnüsse als Garnierung.

Favorit der Kinder. Favorit der Freunde der Kinder. Favorit der Eltern der Freunde der Kinder. Favorit der Familien der Kinder. Favorit der Freunde der Familien der Kinder. Ganz klar - es ist schlicht unwiderstehlich!

MANGO-EIS

4 PORTIONEN

60 g Cashewkerne, natur (oder ½ Avokado)
250 g Mango, TK
etwas kochendes Wasser

Nüsse oder Avokado und Mango zu einer glatten Creme mixen. Etwas kochendes Wasser zugeben, wenn die Konsistenz Softeis ähneln soll. Sofort essen.

HIMBEER-EIS

4 PORTIONEN

200 g Himbeeren, TK
30 g Cashewkerne natur oder Cashewbutter
evtl. 1 TL Honig
nach Geschmack: Kakao- oder Kokosraspeln

Alles sorgfältig zu einer gleichmäßigen Eismasse mischen. Mit Kakaoraspeln oder geröstetem Kokos servieren. Gut ist es auf jeden Fall!

Der Geschmack dieses Eises erinnert mich an eines, das ich vor gut 20 Jahren auf der Spanischen Treppe in Rom aß. Wenn ich mich zurücksehne, mache ich dieses Eis und schaue einen italienischen Film. Testen!

BLAUBEER-EIS

4 PORTIONEN

2 reife Bananen
300 g Blaubeeren, TK
50 g Haselnussbutter
1 TL Kardamom, gemahlen
1 TL Zimt, gemahlen

Alle Zutaten in die Küchenmaschine geben, evtl. ein paar Tropfen Wasser zugeben, damit es nicht zu „trocken" wird.

Unser Kühlschrank war voll mit Bananen, weil wir überreife Bananen zum halben Preis gekauft hatten. Alle hatten Lust auf Eis, nicht nur auf gemixte Bananen. „Mach richtiges Eis!“, lautete die Bestellung. Und es wurden immer mehr …

ROTE-BETE-EIS

4 PORTIONEN
200 ml Kokosmilch
1 reife Banane
1 geschälte Rote Bete, in Stücken
150 g Erdbeeren, TK
1 Handvoll frischer Babyspinat
ein kleines Stück frischer, geschälter Ingwer
eine Messerspitze Lakritzpulver

Alles zu einer Eismasse mixen, mehr Kokosmilch zugeben, wenn Smothies statt Eis bereitet werden sollen.

»»» *Rote Bete und Spinat im Eis – grenzwertig, oder? Aber gut!*

BANANEN-EIS MIT ZIMT

4 PORTIONEN
5 geschälte, tiefgekühlte, reife Bananen
4 EL Cashew-Butter (oder 60 g Cashewkerne, natur)
2 TL Zimt, gemahlen
evtl. 1 EL Honig

Alle Zutaten in der Küchenmaschine bis zur Softeis-Konsistenz mischen. Evtl. etwas Wasser zugeben, wenn die Konsistenz nicht weich genug ist.

ERDBEER-EIS

4 PORTIONEN
300 g Erdbeeren, TK
60 g Cashewkerne, natur
1 reife Banane
evtl. 1-2 EL Honig

Alle Zutaten in der Küchenmaschine bis zur Softeis-Konsistenz mischen. Evtl. etwas Wasser zugeben, wenn die Konsistenz nicht weich genug ist.

Fruchteis kann man aus allen möglichen Zutaten bereiten. Smoothie-Reste heben wir in Stieleisformen auf und frieren sie für heiße Sommertage oder andere Gelegenheiten ein, zu denen eine süße Abkühlung passt. Für die gleichmäßige Qualität gefrorene Mango verwenden, außerdem spart man sich die Mühe mit dem Schälen, eine Kunst für sich.

ROTGELB GERÜHRTES

4 FRUCHTEIS

50 g Erdbeeren
110 g Mango, TK
100 ml Traubensaft

Glatt rühren und in Stieleisformen füllen. Mindestens 6 Stunden einfrieren.

EISIGE JOHANNISBEEREN

4 FRUCHTEIS

120 g schwarze Johannisbeeren
100 ml Traubensaft

Glatt rühren und in Stieleisformen füllen. Mindestens 6 Stunden einfrieren.

BLAUBEER-EIS

4 FRUCHTEIS

1 saftige Birne
120 g Blaubeeren

Birne schälen und Kerngehäuse entfernen, mit den Blaubeeren mixen. In Stieleisformen füllen.
Mindestens 6 Stunden einfrieren.

EISIGE TRAUBEN

4 FRUCHTEIS

500 g kernlose grüne Weintrauben
1 TL Honig
2 TL Limettensaft

Alles zu Püree mixen und in Stieleisformen füllen. Püree filtern, wenn das Fruchteis ohne Schale und Fruchtfleisch sein soll. Das ist Geschmackssache.
Mindestens 6 Stunden einfrieren.

»»» *Ich verwende hier Ananas aus der Dose, sie ist weicher und hat eine gleichmäßigere Qualität als frische. Darauf achten, dass wenig Zucker zugesetzt ist.*

TROPISCHER MIX

4 FRUCHTEIS

80 g Ananas
aus der Dose
110 g Mango, TK
100 ml Kokosmilch

Glatt rühren und in Stieleisformen füllen. Mindestens 6 Stunden einfrieren.

HIMBEER-EIS

4 FRUCHTEIS

120 g Himbeeren
100 ml Apfelsaft

Glatt rühren und in Stieleisformen füllen. Mindestens 6 Stunden einfrieren.

SÜSS-WAREN

Nüsse und Trockenfrüchte in allen Ehren – sie sind keine Süßigkeiten. Wenn sie aber zu diesen Naschereien veredelt werden, sind sie eine starke Konkurrenz für alle Süßigkeiten!

»»» Die einfachste Art, die Umgebung zu verführen. Ich habe nie erlebt, dass jemand sie probiert, ohne zu sagen: „Oh! Ist das wirklich Kokos und Trockenfrüchte?"

KOKOSBÄLLCHEN

15 STÜCK

100 + 100 g Kokos, gerieben
100 g Datteln, kernlos
2 EL Kokosöl
etwas ökologisches Vanillepulver
etwas Wasser

Alle Zutaten bis auf 50 g Kokos in der Küchenmaschine auf hoher Stufe mixen.
Teig zu kleinen Kugeln formen und in Kokos rollen.

LUXUSKUGELN

20 STÜCK

130 g Walnüsse
200 g Datteln, kernlos
1 TL Zimt, gemahlen
2 EL Kokosöl
2 EL Lucuma oder ½ TL Kakao
2 EL Wasser
Kakao oder Lucuma zum Wälzen der Pralinen

Nüsse in der Küchenmaschine mahlen, dann die restlichen Zutaten.
Teig zu Kugeln formen und diese evtl. in Lucumapulver oder Kakao rollen, im Kühlschrank verwahren. Gut zu einer Tasse Tee!

Die Jahre mit Kleinkindern waren ein Balanceakt zwischen Ökonomie, Nahrungsdichte, Kinderfreundlichkeit und Zeit. Hier eine erwachsene Varianten. Etwas luxuriöser. Etwas teurer. Eine Leckerei, die ich der restlichen Familie – und der Welt – lange vorenthalten habe.

PEKANNUSSECKEN

20 STÜCK

90 g Pekannüsse
+ 20 g als Garnierung
100 g Datteln, kernlos
1 EL Kokosöl
etwas Vanillepulver
(oder gemahlener Zimt)

Nüsse in der Küchenmaschine fein mahlen. Danach Datteln, Kokosöl und Gewürze zugeben. Weiter mixen und evtl. etwas Wasser zugeben, so dass die Masse haftet. Teig zwischen Backpapier ausrollen, im Kühlschrank aufbewahren, bevor die Rauten geschnitten werden. Jedes Stück mit einer Pekannuss dekorieren.

Kalt aufbewahren, Pekannüsse sind fett und weich, so dass diese Süßigkeit sonst klebrig werden kann. Enjoy!

Aprikosen und Kürbiskerne sind gute Eisenquellen. Von diesen Zimtrauten habe ich in meiner letzten Schwangerschaft viel gegessen, weil mein Eisenwert zu niedrig war. Feigen enthalten außerdem Kalzium. Obenauf habe ich etwas Nesselpulver gestreut, reich an Eisen und Kalzium. Jetzt esse ich sie am liebsten nach diesem Rezept.

ZIMTRAUTEN

10 STÜCK

5 getrocknete Feigen
70 g Kürbiskerne
4 getrocknete Aprikosen, ungeschwefelt
1–2 TL Zimt, gemahlen
1 TL Ingwer, gemahlen
2 EL Kokosfett

Stiele der Feigen entfernen. Kürbiskerne in der Küchenmaschine mahlen, restliche Zutaten hinzufügen. Alles zu einem glatten Teig mischen. Kleine Kugeln rollen oder in schöne Ecken schneiden. Als Zwischenmahlzeit oder zum Kaffee genießen!

Als ich klein war, fand zweimal im Jahr, im Frühling und Herbst, der Markt statt. Hier konnte man jede Menge merkwürdige Dinge kaufen, mich aber interessierte immer nur eines: die Ingwerbonbons, die wie kleine Zuckerstangen aussahen und stark nach Ingwer schmeckten. Man konnte sie sonst nirgendwo kaufen, so dass ich mein ganzes Taschengeld nahm und die starken Bonbons andächtig aß, ohne zu wissen, dass es sich um Ingwer handelte. Jetzt ist meine Älteste zum Ingwer-Junkie geworden und hat dasselbe Verhältnis zu diesen Gingerbites, wie ich früher zu den Bonbons.

GINGERBITES

15 STÜCK

60 g Cashewkerne, natur
150 g Datteln, kernlos
ca. 2–3 cm frischer Ingwer
geriebene Schale von 1 Limette
1 EL Kokosöl

Mixen, zwischen Backpapier ausrollen und in mundgerechte Stücke schneiden.

Im Kühlschrank aufbewahren.

Beim Mixen immer erst mit den Nüssen beginnen, so dass sie erst grob gemahlen werden. Dann die anderen Zutaten zugeben.

»» Wie die Pekannussecken sind diese mein heimlicher Luxus. Wenn ich keine Lust auf Haferflocken, Möhren und Brokkoli habe, ist das eine Lösung, die alle Mühe wert ist. Wenn Sie die Nüsse nicht rösten können, nehmen Sie Haselnussbutter (natürlich ohne Zuckerzusatz).

NOUGAT NOIR

15 STÜCK

geröstete Haselnüsse
100 g Datteln, kernlos
1 ½ EL Kakao
2 EL Kokosöl
1 Prise Vanillepulver
nach Geschmack:
geschmolzene Schokolade zum Eintauchen der fertigen Nougats

Nüsse im Ofen bei 100 Grad 30 Minuten rösten. Nüsse in einem Küchentuch reiben, dann löst sich die Haut. Nüsse in der Küchenmaschine fein hacken, restliche Zutaten zugeben und weiter mixen.

Teig zwischen Backpapier ausrollen und kleine, schöne Ecken schneiden, so essen oder in geschmolzene Schokolade tauchen.

SNICKERSRIEGEL

»» Paradenummer am süßen Buffet. SÜNDHAFT GUT!

20 STÜCKE

120 g Erdnüsse, gesalzen
250 g Datteln, kernlos
3 EL Kakao
1 Prise Vanillepulver
1 EL Kokosfett

Erdnüsse in der Küchenmaschine fein hacken. Datteln, Kakao, Vanillepulver und Kokosfett zugeben. Alles zu einem glatten Teig mischen.

Teig aufnehmen und leicht kneten, bis er kompakt wird. Zwischen Backpapier ausrollen. Kühlen und in mundgerechte Stücke schneiden.

Von oben links: Snickersstücke, Nougat Noir, Luxuskugeln mit Lucumapulver, Choko-Chokowannabe, Mokkakugeln, Chaikola mit Carobpulver.

Das hier ist schnell zum Favoriten geworden, den die Kinder gern mitnehmen und mein Mann vor anstrengenden Radrennen isst. Und der mich immer rettet, wenn ich denke, dass ich unbedingt etwas Süßes brauche.

COCO-CHOCKOWANNABE

20 STÜCK

75 g Kokos, gerieben
65 g Mandeln
100 g Datteln, kernlos
100 g getrocknete Aprikosen, ungeschwefelt
1 Prise Vanillepulver
2 EL Kokosöl

Mandeln in der Küchenmaschine mixen, restliche Zutaten zugeben und lange mixen.
Kleine Kugeln rollen.

PFEFFERNUSS-KOKOS

20 STÜCK

120 g Cashewkerne, natur
250 g Datteln, kernlos
2 TL Zimt, gemahlen
1 gehäufter TL Ingwer, gemahlen
1 gestrichener TL Nelken
1 EL Kokosöl
etwas Wasser
80 g „Kokosschnee“ zum Garnieren (gemahlenes Kokos)

Alles bis auf den Kokosschnee in der Küchenmaschine mit dem Schneider mixen, bis die Masse teigartig ist. Schrittweise Wasser hinzugeben, wenn die Masse zu trocken ist.

Zu kleinen Kugeln formen, in Kokosschnee wälzen. Oder man macht, was man eigentlich mit Pfefferkuchenteig macht: Einen Klumpen im Kühlschrank aufbewahren und nach Bedarf ein Stück nehmen …

»» *Mandeln enthalten Magnesium, ein muskelentspannendes Mineral. Kakao und Kaffee enthalten Koffein, das anregt. So eine Kugel ist deshalb das beste Mittel an einem müden, stressigen Nachmittag!*

MOKKAKUGELN

CA. 15 STÜCKE

65 g Mandeln
100 g Datteln, kernlos
2 EL Kakao
1–2 TL löslicher Kaffee
2 EL Kokosöl
1 Prise Vanillepulver
einige Tropfen Wasser
Kakao zum Wälzen der Trüffel

Erst die Mandeln mahlen, dann die übrigen Zutaten in der Küchenmaschine zu einem glatten Teig mischen. Wenn er nicht gut haftet, ein paar Tropfen Wasser zugeben.

Zu Kugeln in Trüffelgröße rollen, in Kakao wälzen. Im Kühlschrank aufbewahren.

MANDELTRÜFFEL

20 STÜCK

130 g Mandeln
150 g Datteln, kernlos
2 EL Kokosöl
1 TL Zimt, gemahlen
½ TL Vanillepulver
etwas Wasser
Kakao zum Wälzen der Trüffel

Erst die Mandeln zu feinem Mehl mahlen.
Datteln, Kokosöl und Gewürze zugeben und weiter mixen.
Einige Tropfen Wasser zugeben, so dass ein Teig entsteht.

Kleine Kugeln formen, in Kakao wälzen. Im Kühlschrank verwahren.
Bei Raumtemperatur vermengen sich Kakao und Kokosöl, die Kugeln werden glatt. Im Kühlschrank bleibt der Kakao trocken und matt.

PFEFFER-MANDEL-KUCHEN

20 STÜCK

160 g Mandeln
250 g Datteln, kernlos
3 TL Pfefferkuchengewürz (Fertigmischung)
3 EL Kokosöl
etwas Wasser
nach Wahl: geschälte, gehackte Mandeln

Mandeln zu feinem Mehl mahlen. Die restlichen Zutaten und etwas Wasser für die Haftung zugeben. Teig zwischen Backpapier ausrollen.

In kleine Vierecke schneiden und eventuell gehackte Mandeln aufstreuen.

Hände gut waschen und zum Rollen der Kugeln mit Kokosöl einreiben, dann klebt der Teig nicht. Kaltes Wasser oder Einweghandschuhe helfen auch.

»» *Minze und Kaffee – wunderbar! Schwere Entscheidung? Genießen Sie beides!*

MINZ- UND KAFFEETRÜFFEL

15 STÜCK

200 g Datteln, kernlos
1 EL Kokosfett
1–2 EL getrocknete Minze für Minztrüffel
oder
1–2 TL löslicher Kaffee
2 EL Kakao

Alles sorgfältig in der Küchenmaschine zu einer toffeartigen Masse mischen. Kleine Kugeln rollen, im Kühlschrank aufbewahren.

»» *Schokolade mit Apfelsinengeschmack – klassische Kombination. Entweder man liebt oder hasst es. Hier jedenfalls eine geniale Variante!*

RÖMISCHE KUGELN

CA. 15 STÜCKE

150 g Datteln, kernlos
100 g Mandeln
2 EL Kakao
1 EL Kokosöl
geriebene Schale und Saft einer halben Apfelsine
Kakao zum Wälzen der Pralinen

Alle Zutaten in der Küchenmaschine zu einem Teig mischen. Zu Kugeln formen und in ein bisschen Kakao wälzen. Guten Appetit!

Herrlich, wenn man Saures liebt!

SAURES

15 STÜCK

200 g gelbe, getrocknete Aprikosen, ungeschwefelt
2 EL Kokosfett
Schale von 2 Zitronen und ca. 2 EL Saft

Schale von der Zitrone reiben.
Alle Zutaten in die Küchenmaschine geben, mit Messereinsatz. Auf hoher Stufe zu einem glatten Teig mischen. Zu kleinen Stücken formen, im Kühl- oder Gefrierschrank aufbewahren, bis sie fest sind.

CHAIKOLA

10 STÜCK

65 g Mandeln
100 g getrocknete Aprikosen, ungeschwefelt
1 TL Zimt, gemahlen
1 TL Ingwer, gemahlen
1 EL Kokosöl
nach Wahl: Carobpulver zum Wälzen

Mandeln mit der Küchenmaschine zu grobem Mehl mahlen. Restliche Zutaten zugeben und zum glatten Teig mixen.
Kleine Kugeln oder Stücke formen.

»» Bounty war für mich schon immer eine Versuchung. Vielleicht, weil mich die 80er-Jahre-Reklame mit den jungen, schönen Menschen, die Kokosmilch tranken, fasziniert hat ... exotisch und verführerisch, so sah es auf der Leinwand aus.
Hier etwas Exotisches, Saftiges und total Wunderbares. Und besser als die Inspirationsquelle, muss ich bei aller Bescheidenheit zugeben!

BOUNTYWANNABE

6–8 STÜCKE

200 g Datteln, kernlos
100 ml Kokoscreme (das Cremige in einer Dose Kokosmilch)
200 g Kokos, gerieben
½ TL Vanillepulver
½ TL Zimt, gemahlen
100 g dunkle Schokolade, so dunkel und ungesüßt wie möglich (mind. 70 % Kakaogehalt)

Alles bis auf die Schokolade zum glatten Teig mixen. Zwischen Backpapier auslegen und eine Stunde kühlen. Masse in fingergroße Stücke schneiden.

Schokolade in der Mikrowelle oder im Wasserbad schmelzen, Stücke eintauchen und dann wieder in den Kühlschrank stellen.

Eine rustikalere Süßigkeit, unser bester Freund auf Schlitten- und Skitouren. Aber ich schwöre, sie ist auch zum Kaffee und beim Warten auf den Bus großartig.

SMARTRIEGEL

25 RIEGEL

65 g Mandeln
35 g Kürbiskerne
90 g Trockenfrüchte, z. B. Datteln, Aprikosen, Rosinen
2 EL Kokosöl
50 ml Apfelsaftkonzentrat
2 TL Zimt, gemahlen
200 g Haferflocken*

Erst Nüsse, Samen, Obst und Öl in der Küchenmaschine mixen. Dann Apfelsaft und Zimt hinzufügen. Haferflocken schrittweise zugeben, bis der Teig kräftig ist.

Zwischen Backpapier ausrollen, in Stücke schneiden.

Mehr zu Hafer und Gluten auf Seite 17

DESSERTS

Für den Nachtisch ist immer Platz!

»»» *Ich liebe Vanillesoße. Hier eine, die den Körper vor Fett und hinterlistigem Zucker bewahrt.*

OBSTSALAT MIT VANILLESOSSE

4 PORTIONEN

2 reife Bananen
2 feste Birnen
geriebene Schale von 1 Zitrone
 + einige Tropfen Saft
100 g Datteln, gehackt
120 g Himbeeren
1 TL Vanillepulver

VANILLESOSSE:

60 g Cashewkerne, natur
100 ml Wasser
½ EL Vanillepulver
1 TL Honig

Banane und Birne in feine Stücke schneiden. In eine Schale geben und etwas Zitronenschale darüber reiben. Etwas Zitronensaft hineinträufeln, das ist gut für den Geschmack, außerdem behalten Banane und Birne ihre Farbe.

Gehackte Datteln, Himbeeren und Vanillepulver zugeben und vorsichtig umrühren.

Alle Zutaten für die Soße mischen und zum Obstsalat servieren.

Eine Nährstoffbombe als Dessert für Nougatliebhaber! Die Soße passt auch zu anderen Beeren und Obst wie Äpfel, Pflaumen, frisch und im Ofen gebacken.

ERDBEEREN MIT HASELNUSSSOSSE

4 PORTIONEN
500 g frische Erdbeeren

HASELNUSSSOSSE:
100 g Haselnüsse
oder 80 g Haselnussbutter)
100 g Datteln, kernlos
300 ml Wasser
1 Prise Vanillepulver

Alle Zutaten zu einer Soße vermengen. Abschmecken und nach Geschmack evtl. mit Honig süßen. Für einige Zeit in den Kühlschrank stellen, so dass sie etwas andickt. Zu den Erdbeeren servieren.

»» Gut, es ist nicht ganz so wie am Strand auf Bali. Aber es ist ein Anfang …

WOK-ANANAS MIT KOKOS

4 PORTIONEN
1 Ananas, frisch
1 EL Kokosöl
2 TL Honig
2 EL Balsamessig

KOKOSCREME
das Cremige in einer Dose Kokosmilch
1 gefrorene Banane in Scheiben
1 Prise Vanillepulver
evtl. 2 EL Goji-Beeren als Garnierung

Schale und Strunk der Ananas entfernen, Fruchtfleisch in kleine Stücke schneiden.

Öl in Wok oder Pfanne erhitzen.
Ananas braten, bis sie glasig wird, Honig und Balsamessig zugeben, umrühren.

Kokosmilch mit Banane und Vanillepulver mischen. Mit der warmen Ananas servieren. Eventuell ein paar Goji-Beeren aufstreuen.

»» Im Herbst bekommen wir jede Menge Pflaumen von einem lieben Verwandten. Sie müssen schnell gegessen werden, bevor sie verderben. Hier ein tolles Dessert für viele Gäste, traditionell genug, um auch Skeptiker zu überzeugen. Vielleicht mit einer Kugel Vanilleeis servieren, wenn „nötig“.

BACKOFENPFLAUMEN MIT HASELNUSSGLASUR

4 PORTIONEN

- 8 Pflaumen
- 3 EL Haselnüsse
- 2 EL Honig
- 1 TL Zimt, gemahlen
- ½ TL Ingwer, gemahlen

Ofen auf 200 Grad vorheizen.

Pflaumen aufschneiden, Kerne entfernen und Hälften mit der Schnittfläche nach oben in eine backofenfeste Form legen.

Haselnüsse in der trockenen Pfanne rösten. Pfanne schütteln, damit nichts anbrennt. Nusshäutchen mit einem Küchentuch abreiben, Nüsse grob hacken.

Honig, Gewürze und Nüsse in einem kleinen Topf mischen, bei mittlerer Hitze kurze Zeit schmelzen lassen.

Nussmischung auf die Pflaumenhälften geben, im Ofen ca. 10 Minuten rösten.

»» Es war Sommer, der Kindergeburtstag stand an und ein 10-jähriger, sehr anspruchsvoller kanadischer Verwandter war zu Besuch. Er mochte Pasta, Parmesan und Hühnchen. That's it. Eis aß er nicht, auch nichts mit Sahne. Ich ließ mich nicht abschrecken und improvisierte diese Torte. Er nahm nochmal. Und nahm nochmal nach. Wir sahen ihn fragend an. Er guckte zurück: „Was denn? Ich liebe den Teig!"

MITTSOMMERTORTE

10–12 STÜCKE

BODEN:
100 g Mandeln
50 g Kokos, gerieben
200 g Datteln, kernlos
2 EL Kokosöl
1 Prise Vanillepulver
etwas Wasser

TOPPING:
120 g Cashewkerne, natur
200 g Erdbeeren, TK
1 reife Banane
2 EL Kokosöl
½ TL Vanillepulver
gepresster Saft von 1 Limette
etwas Wasser

GARNIERUNG:
frische Erdbeeren

BODEN

Mandeln und Kokos im Mixer fein hacken. Die restlichen Zutaten hinzufügen, zu einer gleichmäßigen Masse mischen. Für eine gleichmäßige, klebrige Konsistenz evtl. Wasser hinzufügen. „Teig" in eine Springform geben.

Mixer säubern, gut abtrocknen.

TOPPING

Cashewkerne zu grobem Mehl mahlen. Restliche Zutaten hinzufügen, zu einer dicken Eiskonsistenz mixen.
Etwas Wasser zugeben, wenn er zu trocken ist.
Teig über den Kuchenboden geben, in den Kühlschrank stellen.

Wenn Sie den Rand der Form entfernen, läuft der Erbeerteig über den Rand. Das ist gut so. Gern mit frischen Erdbeeren, Kokos und schönen Blättern der Zitronenmelisse oder Minze garnieren.

Bereiten Sie sich auf diese Reaktion vor: „Echt?! Ist da wirklich keine Butter drin? Und keine Sahne? Zucker? Aber … aber …?" PS.: Paranüsse sind randvoll mit Magnesium – ein entspannendes Mineral. So können Sie nach einem Stück vielleicht besonders gut schlafen.

TRÜFFELTORTE

8–10 STÜCKE

BODEN:
400 g Datteln, kernlos
2 EL Kokosöl
80 g Kakao
½ TL Vanillepulver
1 Prise Salz

FÜLLUNG:
130 g Paranüsse
150 ml Kokosöl
160 g Kakao
1 Prise Salz

SERVIEREN:
frische Himbeeren
grob gehackte Paranüsse

Mit dem Boden beginnen. Alle Zutaten zu einem glatten Teig mixen. In eine kleine Form mit abnehmbarem Rand füllen.

Alle Zutaten für die Füllung zu einem fließenden, braunen Öl/zur Creme mixen. Füllung auf den Boden in die Form geben.

Für mindestens eine Stunde in den Kühlschrank stellen. Mit Paranüssen oder Beeren garnieren.

Hält der Teig nicht gut zusammen, Datteln, etwas Wasser und vielleicht Kokosöl zugeben.

»» *Magnesium, Vitamin E und C, Eisen, Antioxidantien, Kalium, Laurinsäure ... vor allem ist sie superlecker und sieht toll aus!*

TOLLE BLAUBEERTORTE

10–12 STÜCKE

BODEN:
200 g Mandeln
100 g getrocknete Aprikosen, ungeschwefelt
100 g Datteln, kernlos
1 TL Kokosöl
2 TL Kardamom, gemahlen
etwas Wasser

FÜLLUNG:
300 g Blaubeeren
240 g Cashewkerne, natur
3–4 EL Honig, abschmecken, wie süß die Torte werden soll

GARNIERUNG:
Blaubeeren

Alle Zutaten für den Boden zu einem glatten Teig mixen. Etwas Wasser zugeben, wenn er zu trocken ist. Teig in eine Springform geben, mit Backpapier abdecken und so weit wie möglich ausdrücken. Papier vorsichtig abheben.

Zutaten für die Füllung mischen, auf dem Boden verteilen. Für einige Stunden in den Kühlschrank stellen.

Die Torte schmeckt halbgefroren sehr gut. Form eine halbe Stunde vor dem Servieren abnehmen, dann fallen Schneiden und Dekorieren mit frischen Blaubeeren leichter.

»» Hier ist die Schoko-Mousse, von der Sie sich besser fühlen, wenn Sie sie essen, statt es zu lassen. Eine Schokoladenmousse als Nährstoffbombe – ohne Nachteile!

SCHOKO-AVOKADO-MOUSSE

4 PORTIONEN
2 reife Avokado
30-60 g Kakao
2 EL Honig
200 ml Wasser
nach Geschmack: 2 Datteln, kernlos

Sorgfältig mixen, gern mit dem Stabmixer, bis eine fluffige, glatte Mousse entsteht. Evtl. etwas Wasser zugeben. In Portionsgläser verteilen und vor dem Genuss im Kühlschrank abkühlen.

HIMBEER-MOUSSE.

4 PORTIONEN
200 g Himbeeren, TK
1 reife Avokado oder 60 g Cashewkerne, natur
3 frische Datteln, kernlos
½ EL Limettensaft, frisch gepresst
1 Prise Vanillepulver

SERVIEREN:
eine Handvoll Himbeeren
Kokos, geriebene Goji-Beeren

Zu einer glatten Mousse mixen. Mit ein paar frischen Himbeeren, etwas Kokos oder Goji-Beeren als Garnierung in Portionsgläser füllen.

»» Riesenportion Vitamine, Mineralien und Antioxidantien in einer luxuriösen Himbeer-Mousse!

SCHOKO-MOUSSE MIT BANANEN UND CASHEW

4 PORTIONEN
2 reife Bananen
4 EL Kakao
60 g Cashewkerne, natur
100 ml Wasser
1 Messerspitze Chili
kleiner Klecks Honig

SERVIEREN:
½ Banane in Scheiben
Kokos, gerieben

Alle Zutaten mit dem Stabmixer mischen. In Portionsgläser geben, kühl mit Bananenscheiben und Kokos servieren.

Bei gefrorenen Zutaten wie Himbeeren und Mango kann beim Mixen etwas kochendes Wasser zugegeben werden.

SMOOTHIES & GETRÄNKE

Smoothies könnte ich morgens, mittags und abends trinken. Sie können unendlich variiert werden!

››› Cashewkerne sind weich und müssen nicht eingeweicht oder gefiltert werden. Möchten Sie die Cashewkerne jedoch ein paar Tage liegenlassen, sollten sie trotzdem über Nacht eingeweicht und vor dem Mixen ordentlich mit frischem Wasser gespült werden. Cashewkerne können Bitterstoffe absondern, die erst zum Vorschein kommen, wenn die Milch gekühlt wird. Das vermeiden Sie durch Einweichen.

CASHEW-MILCH

4 GLÄSER

1 Liter kaltes Wasser
60 g Chashewkerne, natur
3-4 getrocknete Aprikosen, ungeschwefelt
1 Prise Meersalz
1 Prise Zimt, gemahlen
1 Prise Vanillepulver

Alle Zutaten glatt mixen.

Milch als Basis für Smoothies verwenden oder pur trinken.

››› Eine Variation mit Cashew-Milch! Süß, rosa und herrlich!

PINK MILK

4 GLÄSER

800 ml Wasser
250 g Erdbeeren, TK
60 g Chashewkerne, natur
1 Prise Vanillepulver
nach Geschmack: 1 EL Honig

Alle Zutaten zu einem glatten, schönen Drink mixen.

Mandeln enthalten Magnesium mit leicht muskelentspannender Wirkung. Zusammen mit der Süße der Datteln ein wunderbarer Schlaftrunk.

MANDELMILCH

4 GLÄSER
1 Liter Wasser
3-4 Datteln, kernlos
200 g Mandeln
½ TL Vanillepulver

Datteln im Wasser einweichen, das Sie für die Milch verwenden. Mandeln in anderem Wasser einweichen. Beides über Nacht in den Kühlschrank stellen.

Wasser von den Mandeln abgießen, gut abspülen.
Alle Zutaten zu glatter Milch mixen. Leistungsstarke Maschinen können Mandel so fein zerkleinern, dass der Drink jetzt trinkfertig ist. Mit unseren normalen Maschinen müssen wir die Milch jedoch filtern, entweder durch einen Filter/Küchenhandtuch oder einfach einen Nylonstrumpf. Gekühlt hält sich die Milch 3-4 Tage. Gut einfach so oder als Basis in Smoothies.

Die im Sieb verbliebene Mandel- und Dattelmasse kann mit ein paar Eiern zu Pfannkuchen gebacken werden. Oder mit gefrorenen Beeren zur nährstoffreichen Grütze mixen. Oder zum Brot- oder Muffinbacken verwenden.

»» Petersilie in Milch, das klingt vielleicht nicht lecker, ist es aber! Frisch, gut und noch eine einfache Art, mehr von dem Gesunden zu erhalten, das sich in den grünen Blättern verbirgt, z. B. Folsäure und Vitamin C.

GREEN MILK

4 GLÄSER

1 Liter Wasser
120 g Cashewkerne, natur
1 kleine Handvoll frischer Minzblätter
½ Bund glatte Petersilie (ungefähr)
1 TL Vanillepulver
8 frische Datteln, kernlos

Alles sorgfältig mixen, so dass die Milch so glatt wie möglich wird. Milch durch ein Sieb seihen, dann wird der Drink glatter.

An einem heißen Sommertag mit Eis servieren!

Ein festlicher, aromatischer Drink, der an heißen Sommertagen massenhaft Anhänger findet!

MELONENDRINK

4 GLÄSER

1 Honigmelone
Saft einer ½ Zitrone
300 ml Wasser
200 ml Eiswürfel
½–1 TL Vanillepulver
1 TL Honig

Melone in Spalten schneiden, schälen. Spalten in kleinere Stücke schneiden, mit den restlichen Zutaten in den Mixer geben. Trinken und genießen!

Antioxidantien in Rooibos, Blaubeeren und Avokado mit den gesunden Fettsäuren der Avokado machen diesen Drink wertvoll für Haut und Hirnzellen.

ANTIOXIDANTIEN-BOMBE

4 GLÄSER

400 ml kalter Rooibos-Tee
200 g Blaubeeren, TK
1 Avokado
1 reife Banane

Mixen, mixen, genießen, genießen!

Blaubeeren sind gut für die Nachtsicht – das ist nicht bei allen Drinks so!

BLUEBERRYTINI

4 GLÄSER

250 g Blaubeeren, TK
300 ml Apfelsaft
½ EL Honig
100 + 100 ml Mineralwasser mit Kohlensäure
1 EL frisch gepresster Zitronensaft
½ TL Ingwer, gemahlen
½ TL Zimt, gemahlen

Alles bis auf 100 ml Wasser zu einer sorbetartigen Masse mixen (gern mit dem Stabmixer). Dann den Rest Mineralwasser zugeben, umrühren und die Füße auf den Tisch legen.

Süße, Nährstoffreichtum und Gesundheit genießen!

Erfrischt bei Hitze! Reste in Eisformen einfrieren.

HIMBEER-SLUSH

4 GLÄSER

200 g Himbeeren, TK
400 ml Wasser
1 EL Honig
2 EL frische Minze oder 1 EL getrocknete
gepresster Saft von ½ Limette

Alles zu einem sprudelnden Drink mixen!

MELONE-MINZ-SLUSH

4 GLÄSER

2 Netz- oder Honigmelonen
1 Handvoll frische Minze
geriebene Schale und Saft von 2 Limetten
400 ml Eiswürfel
evtl. kleiner Klecks Honig

Melonen in Spalten schneiden, schälen. Die Spalten in kleinere Stücke teilen und alles zu einem Slush mixen.

COOLE GOJIS

4 KLEINE GLÄSER

200 ml Apfelsinensaft, frisch gepresst
200 ml Kokosmilch
3 EL Hagebuttenschalenpulver
3 TL Ingwer, gemahlen
250 g Mango, TK
80 g Goji-Beeren
50 g Kokos, gerieben
2 EL Leinsamenöl, kalt gepresst

Geduldig mixen. Gierig trinken!

Tolle Beta-Carotin-Party
Hagebutte nehmen wir im Alltag kaum zu uns. Hier eine Variante, nützliche Flavonoide und Vitamin C zu verstecken. Raffinierter Genuss!

Nahrung als Medizin! Eine Vitamin-C-Bombe, die den Anflug einer Erkältung verscheucht? Ganz so einfach ist es nicht, aber Vitamin C ist wichtig für unserer Immunabwehr und auch, wenn dieser Smoothie Erkältungen nicht heilt, ist es doch schön, sich etwas zu gönnen, wenn man angeschlagen ist.

ANTI-GRIPPE-SMOOTHIE

4 GLÄSER

300 ml Hafer*- oder Mandelmilch
200 g schwarze Johannisbeeren, TK
3 EL Sanddorn, TK
1 reife Banane
3 cm frischen Ingwer
2 EL Proteinpulver oder 2 Eier

Alle Zutaten mischen und sofort trinken.

**Mehr zu Hafer und Gluten auf Seite 17*

HIMBEER-KOKOS-MILKSHAKE

4 GLÄSER
1 Dose Kokosmilch
200 g Himbeeren, TK
2 reife Bananen
1 TL Ingwer, gemahlen
1 TL Zimt, gemahlen
evtl. 1 Ei

Alles zu einem glatten Smoothie mixen. Kann durch die Mousse-Konsistenz auch mit dem Löffel gegessen werden.

Frühstück zu Hause bei uns an 9 von 10 Tagen. Einfach, sättigend und dankbar! Wie ein Fest vor der Arbeit!

Mein absoluter Favorit, den ich an Tagen mit Appetitlosigkeit gern mit einer Prise Proteinpulver toppe – Sie wissen, was ich meine: Tage, an denen man es kaum schafft, ein Butterbrot zu essen. Nehmen Sie stattdessen diesen Smoothie!

PEANUTSMOOTHIE

4 GROSSE GLÄSER

400 ml Hafer*- oder Mandelmilch
2 reife Bananen
250 g Erdbeeren, TK
2 EL Erdnussbutter, ohne Zuckerzusatz
4 Würfel TK-Spinat
2 EL Kokosöl
1 Prise Vanillepulver
etwas Zimt, gemahlen

Alles zu einem glatten Smoothie mixen.

Mehr zu Hafer und Gluten auf Seite 17.

Smoothies mit Hafermilch können für ungeübte Geschmacksknospen nach zu viel Hafer schmecken. Hafergeschmack mit Limette, Zitrone, Apfelsine, Zimt, Ingwer oder Kardamom mildern.

»» *Brokkoli – König unter den Gemüsen! Er enthält eine Reihe wichtiger Nährstoffe, u. a. das Antioxidans Sulforaphan mit schützender Wirkung vor vielen Krebsarten. Lieben und essen! Oder mixen und trinken, wenn Sie zu denen gehören, die Brokkoli auf dem Teller nicht mögen.*

SUPERSMOOTHIE

4 GLÄSER

400 ml Hafer*- oder Mandelmilch
250 g Blaubeeren, TK
200 g Mango, TK
1 reife Banane
½ Avokado
3–5 kleine Brokkoliröschen, TK
3–5 Würfel TK-Spinat
geriebene Schale und Saft von 1 Zitrone
½ TL Kardamom, gemahlen
1 TL Zimt, gemahlen
1 TL Ingwer, gemahlen
nach Geschmack: kleiner Klecks Honig

Mixen und genießen.

**Mehr zu Hafer und Gluten auf Seite 17*

»» *Himbeeren, Lakritz und Zitrone vereinen sich perfekt.*

HIMBEER-LAKRITZ-ZITRUS

4 GLÄSER

300 ml Kokos- oder Mandelmilch
1 reife Banane
250 g Himbeeren, TK
2 TL Lakritzpulver
geriebene Schale und Saft von 1 Zitrone
1 Prise Vanillepulver

Mixen und genießen.

Ja, das ist Hardcore! Eier, Nüsse und Öl in einem Smoothie? Ja, denn so wird er eigentlich zur kompletten Mahlzeit, eine gute Alternative zu einem schnellen Mittagessen. Und er schmeckt trotzdem wie ein Milchshake!

VERY SCARY

4 GLÄSER

400 ml Wasser
60 g Cashewkerne, natur
1 reife Banane
250 g Blaubeeren, TK
2 EL Leinsamenöl oder Kokosöl
2 Eier oder 4 EL Proteinpulver
1 Prise Vanillepulver

Alles zu einem glatten Drink mixen. Trinken – gern mit einem Strohhalm!

ZUTATEN

AVOKADO Verleiht Konsistenz, macht Smoothies cremig, Eis und Mousse fluffig.
100 Prozent Nährstoff, 100 Prozent Genuss!

WEIZEN- UND REISMEHL Glutenfrei und reich an löslichen Fasern, gut für den Blutzucker und die Bakterienflora des Darms.

BEEREN Massen von Beeren, sie schenken Süße und jede Menge Gesundheitsvorteile! Gern tiefgekühlt verwenden!

ZUSÄTZLICHE SÜSSE Manchmal macht es einen großen Unterschied, ob man einen Klecks Honig zum Süßen von ohnehin Süßem zulässt. Das schenkt keinen direkten Gesundheitsbonus, aber meine Familie liebt deshalb mein nährstoffreiches Eis anstelle von Fertigeis. Man sollte aus einer Mücke keinen Elefanten machen!

OBST Bananen, Mango, Ananas, Äpfel, Birnen schenken Backwerk Süße und Saftigkeit sowie dem Eis und Smoothies Konsistenz. Ich kaufe Mango gern tiefgefroren, sie hat einen gleichmäßigeren Reifegrad als frische.

GEMÜSE Aber ja! In einen Smoothie, Eis oder Muffins kann man wunderbar ein bisschen Spinat, Brokkoli oder Möhren schmuggeln!

KOKOSÖL Ökologisches, kalt gepresstes Kokosöl (Kokosfett) verwenden. Kokosfett enthält kurze und mittellange Fettsäureketten und hat viele gute Eigenschaften. Das Öl schenkt eine schöne Konsistenz, da es bei Zimmertemperatur weich und im Kühlschrank fest wird. Kokosbällchen und Rauten aus Trockenfrüchten halten mit Kokosöl besser zusammen.

GEWÜRZE Zimt, Kardamom, Vanille, Zitrone, Limette, Chili, Kaffee, Kakao, Ingwer, Minze, Lakritz verwöhnen die Geschmacksknospen.

MANDEL-, KOKOS- UND HAFERMILCH Gute Basis für Smoothies und auch für bestimmte Kekse und Muffins. Mehr zu Hafer und Gluten auf Seite 17.

NÜSSE UND SAMEN Für den „Crunch" und guten Geschmack. Außerdem enthalten sie gutes Fett, Ballaststoffe, Proteine. Auch verschiedene Nusscremes können praktisch sein, sie schenken eine glattere Konsistenz. Alternativ Kokos oder Kürbissamen verwenden.

TROCKENFRÜCHTE Schenken Kuchen, Nuss- oder Kokosbällchen, Muffins etc. Süße und Ballaststoffe. Vorsicht bei gezuckerten Trockenfrüchten wie Preiselbeeren und Datteln. Frische oder Biodatteln nehmen. Rosinen sind nicht so gut, sie haben einen zu eigenen Geschmack, um Süße zu ersetzen. Lieber Datteln und braune, ungeschwefelte Aprikosen wählen.

EIER Proteinbomben für Muffins, Kuchen, Pfannkuchen und als Zutat für Smoothies oder Eis besonders gut und blutzuckerfreundlich.

AUSRÜSTUNG

DAMIT DIE Buchrezepte gelingen, ist ein bisschen Ausrüstung gut. Sie müssen nicht alles neu kaufen. Großmutters Küchenmaschine aus dem Sommerhaus leistete uns gute Dienste, bevor wir uns für eine modernere Variante entschieden.

STABMIXER Ein guter Anfang, viele Stabmixer haben einen Behälter wie eine Küchenmaschine. Gut für Bällchen- und Kuchenteig, wenn Sie einen kräftigen mit guter Standfestigkeit wählen. Der Mixerstab ist für Eis, Mousse und Smoothies geeignet. Meine ersten Dattelbällchen habe ich mit einem alten Stabmixer zubereitet. Es roch verbrannt, aber er funktioniert immer noch.

KÜCHENMASCHINE Wird zum Mixen von Trockenfrüchten und Nüssen, für die Herstellung von Eis und Mousse und das Mixen des Kuchenteigs mit Nüssen und Trockenfrüchten verwendet. Das große Messer am Boden wird eingesetzt.

MIXER Diese Maschine ist gut für Getränke und Smoothies, auch zum Mahlen von Nüssen und Samen zu Mehl. Zum Mixen dickerer Konsistenzen wie Eis und Mousse ist sie jedoch zu klein.

MUFFINBLECH UND SPRINGFORM
Da viele der Muffins im Buch mit richtig dickem, schwerem Teig gebacken werden, können normale Papierformen zu weich sein, der Teig könnte herausfließen. Das beste Ergebnis erreicht man mit ölbepinselten Papierformen in einer Blechform, die Halt verleiht.

Die Springform wird für weiche Kuchen verwendet. Das klappt am besten, weil die Form nicht gebuttert und gebröselt wird. Ein Messer am Rand der Springform entlangführen und dann den Boden vorsichtig lösen.

REZEPTVERZEICHNIS

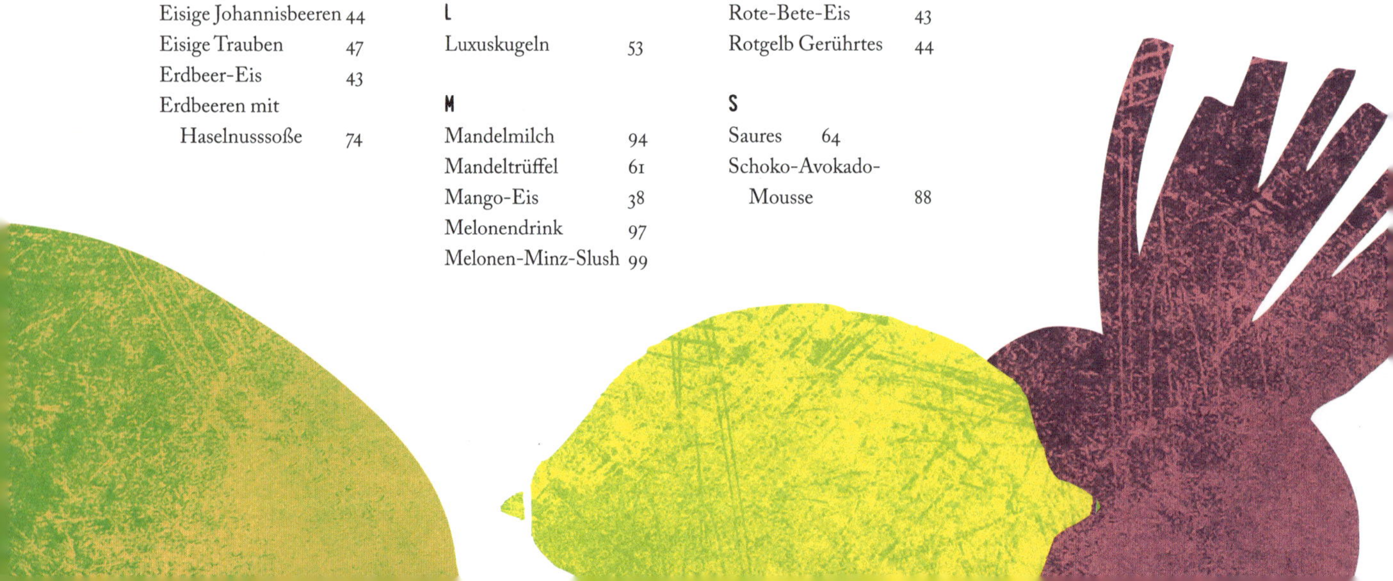

DANKSAGUNG

Urtekram ★ *Potteryjo* ★ *Keramikerna* ★ *R.O.O.M.* ★ *Meine strenge Familie.* Alle eure gesenkten Daumen haben die Rezepte in diesem Buch weiter verfeinert – bis es hieß: Kann ich mehr haben, bitte?

ULRIKA HOFFER ist Journalistin, Ernährungsberaterin und gut gebuchte Vorleserin. Sie ist auf die Bedeutung von Nahrung für unser körperliches und geistiges Wohlbefinden und unser Verhältnis zu Essen und Essgewohnheiten spezialisiert. Ulrika wird für ihre Bodenständigkeit und lustvolles Verhältnis zum Essen, zur Gesundheit und dafür geschätzt, dass sie stets realistische Tipps ohne erhobenen Zeigefinger gibt.

Süßes ohne Frust ist das Ergebnis vieler Jahre Praxiskurse für Privatpersonen und Profiköche, die ihr Wissen über blutzuckerfreundliche Alternativen zu Süßem und Kaffeeplätzchen vertiefen möchten. Sie betreibt das Unternehmen Råsmart und hat zuvor das Buch *Råsmart familj* herausgebracht. Erfahren Sie mehr zu Ulrika Hoffer auf *www.rasmart.se*.